AF410983

MINISTÈRE DE LA GUERRE.

LOI DU 10 JUILLET 1851,

RELATIVE

AU CLASSEMENT DES PLACES DE GUERRE

ET AUX SERVITUDES MILITAIRES.

DÉCRET DU 10 AOUT 1853,

PORTANT

CLASSEMENT DES PLACES DE L'INTÉRIEUR.

DÉCRET DU 29 AVRIL 1857,

PORTANT

CLASSEMENT DES PLACES DE L'ALGÉRIE.

LOI

RELATIVE

AU CLASSEMENT DES PLACES DE GUERRE

ET

AUX SERVITUDES MILITAIRES.

AU NOM DU PEUPLE FRANÇAIS.

L'Assemblée nationale a adopté la loi dont la teneur suit :

ARTICLE PREMIER.

Nulle construction de nouvelles places de guerre ou de nouvelles enceintes fortifiées, et nulle suppression ou démolition de celles qui existent, ne pourront être ordonnées qu'après l'avis d'une commission de défense, et en vertu d'une loi.

Nul ouvrage nouveau à ajouter à une enceinte fortifiée, nul fort, batterie ou autre ouvrage défensif ayant un caractère permanent, ne pourront être entrepris que lorsqu'un crédit spécial aura été ouvert, à cet effet, à l'un des chapitres du budget.

Les améliorations partielles à faire aux fortifications existantes, lorsqu'elles ne devront apporter aucune extension au tracé du polygone formé par les saillants d'une enceinte fortifiée, pourront être ordonnées par le ministre de la guerre, sur les fonds qui sont portés annuellement au budget pour les réparations et améliorations des places fortes.

ART. 2.

La loi qui ordonnera la construction d'une nouvelle place de guerre ou d'une nouvelle enceinte fortifiée spécifiera, en même temps, la série dans laquelle cette place ou cette enceinte devra être rangée pour l'application des servitudes défensives.

Les ouvrages qui seront ajoutés à une enceinte fortifiée, les forts, batteries ou autres ouvrages défensifs ayant un caractère permanent, ne pourront être classés ou donner lieu à une extension quelconque des servitudes existantes, qu'en vertu d'une disposition législative.

ART. 3.

Le projet de loi ou la demande de fonds à présenter, par suite des dispositions des deux premiers paragraphes de l'article 1er, seront accompagnés de l'état estimatif de la dépense, d'un plan indiquant le tracé de l'enceinte fortifiée ou de l'ouvrage projeté.

Ce plan indiquera, en outre, la série à laquelle cette enceinte ou cet ouvrage devront appartenir, et le tracé des zones de servitudes que le ministre de la guerre proposera de leur appliquer.

ART. 4.

Le classement d'une place de guerre ou d'un poste militaire s'étendra à tous les ouvrages extérieurs situés à moins de deux cent cinquante mètres des chemins couverts ou des dehors, quand il n'y a pas de chemins couverts.

Les ouvrages détachés, c'est-à-dire ceux qui seront situés à plus de deux cent cinquante mètres, seront classés séparément.

Sont compris sous la dénomination de *dehors* tous les ouvrages, tels que demi-lunes, contre-gardes, ouvrages à cornes, à couronne, ou tous autres qui sont enveloppés par la même contrescarpe que le corps de place.

ART. 5.

Le tableau des places de guerre et des postes militaires annexé à l'ordonnance du 1er août 1821 sera remplacé par le nouveau tableau joint à la présente loi.

La première série de ce tableau correspond, pour l'application des servitudes, à la première et à la deuxième classe de la loi du 10 juillet 1791, mais elle ne comprend aucun poste. La seconde série correspond à la troisième classe; elle comprend tous les postes.

ART. 6.

Le classement des places de guerre ne pourra être modifié qu'en vertu d'une loi.

Toutefois, lorsqu'il sera possible de réduire l'étendue des zones de servitudes du côté de quelque centre important de population, sans compromettre la défense ou porter atteinte aux intérêts du Trésor, cette réduction pourra être prononcée par un décret du Président de la République.

La largeur de la rue militaire, telle qu'elle est définie par les articles 15 et 16 du titre Ier de la loi du 10 juillet 1791, pourra aussi être réduite par un décret du Président de la République.

ART. 7.

Les servitudes défensives résultant du nouveau classement auront leur effet à partir du jour de la promulgation de la présente loi.

ART. 8.

Les dispositions relatives au plan de circonscription des zones de servitudes et à l'état descriptif, contenues dans les paragraphes 2 et 3 de l'article 8 et dans l'article 9 de la loi du 17 juillet 1819, sont abrogées.

Un règlement d'administration publique réunira et coordonnera dans leur ensemble toutes les dispositions des lois concernant les servitudes imposées à la propriété autour des fortifications, et précisera les mesures d'exécution.

ART. 9.

Continueront d'être observées les dispositions des lois existantes non abrogées par la présente loi.

Délibéré en séance publique, à Paris, les 15 mars 1850, 23 juin et 10 juillet 1851.

Le Président et les Secrétaires,

Général BEDEAU, *vice-président;* LACAZE, CHAPOT, PEUPIN, BÉRARD, YVAN, MOULIN.

La présente loi sera promulguée et scellée du sceau de l'État.

Le Président de la République,
LOUIS-NAPOLÉON BONAPARTE.

Le Garde des sceaux, Ministre de la justice,
E. ROUHER.

2.

DÉCRET

PORTANT

RÈGLEMENT D'ADMINISTRATION PUBLIQUE

CONCERNANT

LE CLASSEMENT DES PLACES DE GUERRE

ET DES POSTES MILITAIRES

ET LES SERVITUDES IMPOSÉES A LA PROPRIÉTÉ

AUTOUR DES FORTIFICATIONS.

NAPOLÉON,

Par la grâce de Dieu et la volonté nationale, EMPEREUR DES FRAN-
ÇAIS,

A tous présents et à venir, SALUT.

Vu les articles 6 et 56 de la Constitution ;

Vu les ordonnances des 16 juillet 1670, 14 août 1680, 9 décembre 1713, 7 février 1744, 31 décembre 1776, et autres, portant défense de bâtir et de faire, sans permission, des déblais et des
remblais dans un rayon déterminé en avant des fortifications;

Vu la loi du 10 juillet 1791, concernant la conservation et le classement des places de guerre et postes militaires;

Vu l'arrêté du Gouvernement du 22 germinal an IV, le décret du
9 décembre 1811 et la loi du 17 juillet 1819, concernant les servitudes imposées à la propriété dans l'intérêt de la défense de l'État,
la police des fortifications et les constructions projetées dans le rayon
des enceintes fortifiées;

Vu les lois des 19 mai 1802, 29 mars 1806 et 23 mars 1842, et les décrets des 19 et 24 décembre 1811 et 29 août 1813, concernant les délits commis dans les établissements du département de la guerre, les contraventions en matière de grande voirie et le service des états-majors des places ;

Vu l'ordonnance du 1er août 1821, qui règle le mode d'exécution de la loi du 17 juillet 1819 ;

Vu la loi du 10 juillet 1851, relative aux mêmes objets ;

Sur le rapport de notre ministre secrétaire d'État au département de la guerre ;

Notre Conseil d'État entendu,

Avons décrété et décrétons ce qui suit :

TITRE Ier.

CLASSEMENT DES FORTIFICATIONS.

ARTICLE PREMIER.

Les places de guerre et les postes militaires sont classés, pour l'application des servitudes défensives, conformément au tableau annexé au présent décret.

Ce tableau est divisé en deux séries, dont la première correspond, pour cette application, à la première et à la deuxième classe spécifiées dans la loi du 10 juillet 1791, mais sans comprendre aucun poste, et dont la deuxième correspond à la troisième classe et comprend tous les postes.

ART. 2.

Le tableau de classement pour les servitudes défensives ne peut être modifié qu'en vertu d'un décret.

ART. 3.

Le décret qui ordonne la construction d'une nouvelle place de guerre ou d'une nouvelle enceinte fortifiée classe en même temps cette place ou cette enceinte, et spécifie la série dans laquelle elle doit être rangée pour l'application des servitudes défensives.

Les ouvrages ajoutés à une enceinte fortifiée, les forts, batteries ou autres ouvrages défensifs ayant un caractère permanent, ne peuvent être classés ou donner lieu à une extension quelconque de servitudes qu'en vertu d'un décret.

Les servitudes sont applicables du jour de la publication du décret de classement.

Ce décret de classement est accompagné d'un plan indiquant, avec le tracé de la fortification, les limites des terrains qui doivent être soumis aux servitudes.

ART. 4.

Les décrets relatifs soit à des constructions nouvelles de places ou postes de guerre, soit à la suppression ou démolition de ceux actuellement existants, soit à des changements dans le classement ou dans l'étendue desdites places ou postes, sont, ainsi que tous ceux qui sont mentionnés dans le présent règlement, insérés au *Bulletin des lois.*

A la réception du *Bulletin des lois,* les préfets les font immédiatement publier dans les communes intéressées.

TITRE II.

SERVITUDES DÉFENSIVES AUTOUR DES FORTIFICATIONS.

SECTION Iʳᵉ.

SERVITUDES RELATIVES AUX NOUVELLES CONSTRUCTIONS.

ART. 5.

Les servitudes défensives autour des places et des postes s'exercent sur les propriétés qui sont comprises dans trois zones commençant toutes aux fortifications et s'étendant respectivement aux distances de 250 mètres, 487 mètres et 974 mètres pour les places, et 250 mètres, 487 mètres et 584 mètres pour les postes.

ART. 6.

Lorsqu'il est possible de réduire l'étendue des zones de servitudes du côté de quelque centre important de population sans compromettre la défense ou porter atteinte aux intérêts du Trésor, cette réduction est prononcée par un décret.

Le mode d'exécution de ce décret a lieu conformément à ce qui est prescrit à l'article 4 du présent règlement.

ART. 7.

Dans la première zone de servitudes autour des places et des postes classés, il ne peut être fait aucune construction, de quelque nature

3.

qu'elle puisse être, à l'exception, toutefois, de clôtures en haies sèches ou en planches à claire-voie, sans pans de bois ni maçonnerie, lesquelles peuvent être établies librement.

Les haies vives et les plantations d'arbres ou d'arbustes formant haie sont spécialement interdites dans cette zone.

ART. 8.

Au delà de la première zone jusqu'à la limite de la deuxième, il est également interdit, autour des places de la première série, d'exécuter aucune construction quelconque en *maçonnerie* ou en *pisé*. Mais il est permis d'élever des constructions en *bois* et en *terre*, sans y employer de pierres ni de briques, même de chaux ni de plâtre, autrement qu'en crépissage, et à la charge de les démolir immédiatement, et d'enlever les décombres et matériaux, sans indemnité, à la première réquisition de l'autorité militaire, dans le cas où la place, déclarée en *état de guerre*, serait menacée d'hostilités.

Dans la même étendue, c'est-à-dire entre les limites de la première et de la deuxième zone, il est permis, tout autour des places de la deuxième série et des postes militaires, d'élever des constructions quelconques. Mais, le cas arrivant où ces places et postes sont déclarés en *état de guerre*, les démolitions qui sont jugées nécessaires n'entraînent aucune indemnité pour les propriétaires.

ART. 9.

Dans la troisième zone de servitudes des places et des postes, il ne peut être fait aucun chemin, aucune levée ni chaussée, aucun exhaussement de terrain, aucune fouille ni excavation, aucune exploitation de carrière, aucune construction au-dessous du niveau du sol, avec ou sans maçonnerie, enfin aucun dépôt de matériaux ou autres objets, sans que leur alignement et leur position n'aient été concertés avec les officiers du génie, et que, d'après ce concert, le ministre de la guerre n'ait déterminé ou fait déterminer par un décret les conditions auxquelles les travaux doivent être assujettis dans chaque cas particulier, afin de concilier les intérêts de la défense avec ceux de l'industrie, de l'agriculture et du commerce.

Dans la même étendue, les décombres provenant des bâtisses et autres travaux quelconques ne peuvent être déposés que dans les lieux indiqués par les officiers du génie ; sont exceptés toutefois de cette disposition ceux des détriments destinés à servir d'engrais aux terres, pour les dépôts desquels les particuliers n'éprouvent aucune gêne, pourvu qu'ils évitent de les entasser.

Enfin, dans la même zone, il est défendu d'exécuter aucune operation de topographie sans le consentement de l'autorité militaire. Ce consentement ne peut être refusé lorsqu'il ne s'agit que d'opérations relatives à l'arpentage des propriétés.

SECTION II.

SERVITUDES CONCERNANT LES CONSTRUCTIONS EXISTANTES.

ART. 10.

Les reconstructions totales de maisons, clôtures et autres bâtisses sont soumises aux mêmes prohibitions que les constructions neuves, quelle qu'ait pu ou que puisse être la cause de la destruction.

Les restaurations de bâtiments, clôtures et autres ouvrages tombant par vétusté ou pour une cause quelconque constituent des reconstructions totales, lors même qu'on voudrait, dans ces restaurations, conserver quelques parties des anciennes constructions.

ART. 11.

ENTRETIEN DES BÂTISSES EN BOIS OU EN BOIS ET TERRE.

Les bâtisses en bois ou en bois et terre existant dans la limite de 487 mètres ne peuvent être *entretenues* dans leur *état actuel* qu'autant qu'il n'est apporté aucun changement dans leurs formes et leurs dimensions, et que sous les restrictions expresses,

1° Que les matériaux de réparation et de reconstruction partielle sont de même nature que ceux précédemmant mis en œuvre;

2° Que la masse des constructions existantes n'est point accrue.

ART. 12.

ENTRETIEN DES BÂTISSES EN MAÇONNERIE.

La disposition qui précède s'applique aussi, pour les places de la deuxième série et les postes militaires, aux constructions en maçonnerie situées au delà de la première zone jusqu'à la limite de 487 mètres.

Les bâtisses en maçonnerie situées dans la zone de 250 mètres des places et des postes, ou dans celle de 487 mètres des places de la première série, ne peuvent être entretenues librement, dans leur état actuel, qu'à la charge expresse de les soumettre aux restrictions mentionnées à l'article 11, et de ne faire en outre aucun des travaux de la nature de ceux qui sont légalement prohibés en matière de voirie, c'est-à-dire de reprises en sous-œuvre, de grosses réparations et autres travaux confortatifs,

Soit à leurs fondations ou à leur rez-de-chaussée, s'il s'agit de bâtiments d'habitation;

Soit, pour les simples clôtures, jusqu'à moitié de leur hauteur, mesurée sur leur parement extérieur;

Soit, pour toutes les autres constructions, jusqu'à 3 mètres au-dessus du sol extérieur.

Ces derniers travaux ne peuvent être exécutés qu'autant que le propriétaire fournit la preuve que la bâtisse existait, dans sa nature et ses dimensions actuelles, antérieurement à l'époque de l'établissement des servitudes dont elle est grevée, ou justifie qu'elle a déjà fait l'objet d'un engagement de démolition sans indemnité, pour le cas prévu à l'article 8, ou enfin, à défaut de l'une ou de l'autre de ces justifications, souscrit préalablement l'engagement dont il s'agit.

SECTION III.

EXCEPTIONS.

ART. 13.

Peuvent être exécutés dans les zones de servitudes, par exception aux prohibitions des deux premières sections:

1° Au delà de la première zone des places et des postes, les socles en maçonnerie ou en pierre, isolés ou servant de base à d'autres constructions et ne dépassant pas $0^m,50$ en hauteur et en épaisseur;

2° Les fours de boulangerie et les fourneaux ordinaires de petites dimensions nécessaires dans les bâtiments d'habitation;

3° Les cheminées ordinaires en briques ou en moellons dans les pignons et les refends des mêmes bâtiments construits en bois ou en bois et terre, pourvu que la largeur de la maçonnerie n'excède pas $1^m,50$ pour chaque pignon et chaque refend, et qu'on se conforme, en outre, aux usages locaux, tant pour les dimensions que pour la nature des matériaux;

4° Les cloisons légères de distribution : en bois, à l'intérieur des bâtisses construites en bois et terre, couvertes et fermées de tous

côtés; en plâtre ou en briques de champ, dans les mêmes constructions en maçonnerie : dans aucun cas, leur épaisseur ne peut dé-
passer o^m,o8 tout compris;

5° Le remplacement des couvertures en chaume ou en bardeaux
par des couvertures légères en ardoises ou en zinc, et même en tuiles,
pourvu qu'il ne soit pas apporté de changement à la forme de la
toiture;

6° Les murs de soutenement adossés au terrain naturel, sur toute
la hauteur, sans déblais ni remblais créant des couverts ou augmen-
tant ceux qui existent;

7° Au delà de la première zone, les caves, les citernes et les autres
excavations couvertes, pratiquées au-dessous du sol, que le directeur
des fortifications juge sans inconvénients pour la défense;

8° Enfin, les puits avec margelle de o^m,8o au plus de hauteur.

Sont également tolérés à la charge de démolition de la totalité de
la construction, sans indemnité, dans le cas prévu à l'article 8 :

1° Les reculements, exigés par le service de la voirie, d'une façade
ou d'un pignon dépendant d'une construction couverte, pourvu qu'on
emploie dans cette opération des matériaux de même nature que ceux
précédemment mis en œuvre;

2° Les ponts en bois sur les fossés ou sur les cours d'eau non navigables ni flottables, quand leur tablier ne s'élève pas de plus de o^m,5o
au-dessus du sol, sur chaque rive;

Enfin, les baraques en bois, mobiles sur roulettes, ayant au plus
2 mètres de côté et 2^m,5o de hauteur de faîtage extérieurement, et
susceptibles d'être traînées par deux hommes, sont permises, à la
condition de n'en établir qu'une seule par propriété, et de prendre
l'engagement de l'enlever, *en toute circonstance,* à la première réquisition de l'autorité militaire.

ART. 14.

Les moulins et autres semblables usines en bois ou en maçonnerie
peuvent être exceptionnellement autorisés par le ministre de la guerre
dans les zones de prohibition, à la condition de n'être élevés que
d'un rez-de-chaussée, et qu'en cas de guerre il ne sera accordé aucune indemnité pour démolition.

La permission ne peut, toutefois, être accordée qu'après que le
chef du génie, l'ingénieur des ponts et chaussées et le maire ont
reconnu, de concert et par un procès-verbal, que l'usine est d'utilité

publique, et que son emplacement est déterminé par quelque circonstance locale qui ne se peut rencontrer ailleurs.

Elle n'est valable qu'en ce qui concerne le service militaire, et ne dispense pas de l'accomplissement des formalités à remplir vis-à-vis des autres administrations publiques et des tiers intéressés.

ART. 15.

Indépendamment des exonérations résultant des réductions de limites mentionnées à l'article 6, des décrets déterminent, dans l'étendue des zones de servitudes, les terrains pour lesquels, à raison des localités, il est possible, sans nuire à la défense, de tolérer, par exception aux dispositions des articles 7 et 8, l'exécution de bâtiments, clôtures et autres ouvrages.

ART. 16.

Le ministre de la guerre peut, suivant les localités et les besoins de la défense, autoriser, à la condition de démolition sans indemnité, dans le cas prévu à l'article 8, la clôture des cimetières situés dans les zones de prohibition :

1° Par des murs en maçonnerie ou en terre, lesquels, à moins de circonstances particulières, ne devront avoir au maximum que $2^m,5o$ d'élévation au-dessus du sol et $0^m,5o$ au plus d'épaisseur à la base;

2° Par des grilles en fer ou des clôtures en bois pleines ou à claire-voie, avec ou sans socles, soutenues de distance en distance à l'aide de poteaux en bois ou de piliers en maçonnerie de $0^m,5o$ au plus de côté, lesquels seront espacés d'au moins quatre mètres d'axe en axe. Dans les clôtures à claire-voie en bois, les laitis seront distants entre eux de manière à laisser au moins autant de vide que de plein.

Le ministre de la guerre peut aussi permettre à l'intérieur des cimetières, aux conditions qu'il juge convenables dans l'intérêt de la défense, et toujours sous la condition précitée de démolition sans indemnité :

1° La construction de bâtiments de service de petites dimensions;

2° L'exécution de monuments, tombeaux et autres signes funéraires.

Ces autorisations particulières ne sont pas d'ailleurs nécessaires lorsqu'il s'agit :

1° De caveaux dont la maçonnerie ne s'élève pas à plus de $0^m,5o$ au-dessus du sol;

2° De pierres tumulaires horizontales ne dépassant pas cette même hauteur de 0ᵐ,50;

3° De pierres d'inscription verticales ou pyramidales, de colonnes sépulcrales et d'urnes funéraires ou autres petits monuments de toute forme en maçonnerie, n'ayant au maximum que 1ᵐ,50 d'élévation, socle compris, et 0ᵐ,50 d'épaisseur;

4° De grilles ou de balustrades d'entourage en bois ou en fer, avec ou sans socle, de 1ᵐ,50 au plus d'élévation totale.

Il ne peut être établi de cimetières, dans la zone de servitude de 487 mètres, avant que le ministre de la guerre n'ait été consulté, au point de vue des intérêts de la défense, sur le choix de l'emplacement proposé.

SECTION IV.

BORNAGE DES ZONES DE SERVITUDES ET DES POLYGONES EXCEPTIONNELS.

ART. 17.

Les distances mentionnées à l'article 5, pour la détermination des zones de servitudes, sont comptées à partir de la crête des parapets des chemins couverts les plus avancés, ou des murs de clôture ou d'escarpe lorsqu'il n'y a pas de chemin couvert, ou enfin, quand il n'y a ni chemin couvert ni mur de clôture ou d'escarpe, à partir de la crête intérieure des parapets des ouvrages.

ART. 18.

Ces distances sont mesurées sur les capitales de l'enceinte, des dehors et des ouvrages extérieurs. Leurs points extrêmes sont fixés par des bornes qui, réunies de proche en proche par des lignes droites, servent de limites extérieures aux zones de servitudes.

Peuvent être considérées comme capitales suivant les circonstances:

1° Les lignes qui divisent en deux parties égales les angles saillants d'un ouvrage;

2° Celles qui réunissent ces angles saillants aux angles correspondants du chemin couvert;

3° Celles qui partagent en deux portions égales les angles de la gorge d'une pièce de fortification ou les angles que cette gorge fait avec les parties latérales de l'ouvrage.

Pour les ouvrages curvilignes et autres qui n'ont pas de capitale, les distances peuvent être mesurées sur des perpendiculaires aux escarpes et aux lignes de feu ou de gorge.

Les capitales et les autres lignes indiquées ci-dessus comme pouvant servir à la délimitation sont choisies de manière que les périmètres des zones forment des polygones les moins irréguliers possible, et que nulle part les limites des zones ne se trouvent plus rapprochées d'un point quelconque des chemins couverts, murs de clôture ou d'escarpe, ou crêtes intérieures de parapet, que ne l'exigent les distances mentionnées à l'article 5.

Ce choix est fait par le ministre de la guerre.

ART. 19.

Le chef du génie, de concert avec l'ingénieur des ponts et chaussées, en présence du maire ou de son adjoint, fait procéder sur le terrain, aux frais du Gouvernement, contradictoirement avec les propriétaires intéressés, dûment appelés par voie d'affiches ou autres moyens de publication en usage, aux bornages des zones de servitudes et des polygones exceptionnels, conformément au plan arrêté par le ministre de la guerre.

Les bornes sont rattachées à des points fixes et rapportées sur un plan dit de délimitation.

Ce plan est établi à l'échelle de 1/5000ᵉ; mais on peut y annexer, pour les polygones exceptionnels, des plans particuliers à une plus grande échelle. Il ne donne d'ailleurs, ainsi que ces derniers plans, que le tracé des limites et les points de repère.

Les maires, sur l'invitation du chef du génie, sont tenus de prêter appui aux opérations de la délimitation et du bornage, et de fournir aux agents de l'autorité militaire les indications et les documents qui sont réclamés.

ART. 20.

Il est dressé, par le chef du génie et par l'ingénieur des ponts et chaussées, un procès-verbal de bornage, sur lequel le maire ou son adjoint peut consigner ses observations. Ce procès-verbal, ainsi que le plan de délimitation et ses annexes, est déposé pendant trois mois à la mairie de la place ou du poste, pour que chacun puisse en prendre connaissance. Avis de ce dépôt est donné aux parties intéressées, par voie d'affiches ou autres moyens de publication en usage.

Les parties intéressées ont trois mois, à la date de cet avis, pour se pourvoir devant le conseil de préfecture contre l'opération matérielle du bornage.

Le conseil de préfecture statue, sauf recours au Conseil d'État, après avoir fait faire au besoin, sur les lieux, les vérifications nécessaires par les ingénieurs civils et militaires.

Les réclamants ont le droit d'être présents à ces vérifications et doivent y être dûment appelés. Ils peuvent s'y faire assister par un arpenteur, et leurs observations sont consignées au procès-verbal qui constate l'opération.

ART. 21.

Dès qu'il a été définitivement statué sur les réclamations des parties intéressées, le plan de délimitation, ses annexes et le procès-verbal de bornage sont adressés par le directeur des fortifications au ministre de la guerre, qui les fait homologuer et rendre exécutoires par un décret; aucun changement ne peut être ensuite apporté à ces pièces qu'en se conformant de nouveau à toutes les formalités ci-dessus prescrites.

Une expédition desdites pièces est déposée dans le bureau du génie de la place, et une autre expédition à la sous-préfecture, où chacun peut en prendre connaissance.

Il est défendu, sous les peines portées par les lois et les règlements, aux sous-préfets et à leurs agents, de laisser déplacer les plans dont il s'agit, ni d'en laisser prendre copie ou extrait, pour quelque motif ou sous quelque prétexte que ce soit.

En temps de guerre, si le chef-lieu de la sous-préfecture est dans une ville ouverte, les plans sont transportés dans le bureau du génie de la place la plus voisine. Il en est de même, en cas de siége, pour les plans en dépôt dans les chefs-lieux qui sont places de guerre.

TITRE III.

SERVITUDES RELATIVES AU TERRAIN MILITAIRE FORMANT LA ZONE DES FORTIFICATIONS, ET BORNAGE DE CE TERRAIN.

ART. 22.

La zone des fortifications, tant des places et des postes que des ouvrages, s'étend depuis la limite intérieure de la rue militaire ou du rempart jusqu'aux lignes qui terminent les glacis, et comprend, s'il y a lieu, les terrains extérieurs annexes de la fortification, tels que les esplanades, avant-fossés et autres ayant une destination défensive.

Elle est inaliénable et imprescriptible, et les constructions particulières y sont prohibées.

ART. 23.

La rue militaire est établie pour assurer intérieurement une libre communication le long des remparts, parapets ou murs de clôture des ouvrages de fortification. Les habitants en ont l'usage, en se conformant aux règlements concernant la police de la place et la voirie urbaine.

Elle est limitée du côté de l'intérieur :

En arrière des courtines, par une ligne tracée parallèlement au pied du talus ou du mur de soutenement du rempart, ou bien du talus de banquette s'il n'y a qu'un simple parapet, à la distance de 7^m,79 de ce pied de talus ou de mur; et, s'il n'existe qu'une clôture ou un parapet sans banquette, par une parallèle au pied intérieur de cette clôture ou de ce parapet, à la distance de 9^m,74;

En arrière des bastions et des redans, par une ligne distante de 7^m,79 de la gorge de l'ouvrage.

Sur les points où l'intervalle compris entre les lignes précitées et les propriétés particulières bordant la voie publique a une largeur plus grande que celle que prescrit la disposition qui précède, il n'est rien changé aux dimensions actuelles de la rue du rempart.

La rue militaire, telle qu'elle est définie ci-dessus, ne peut être réduite que par un décret rendu sur le rapport du ministre de la guerre.

Les autorités civiles peuvent lui faire assigner des limites plus étendues, par voie d'alignement, dans l'intérêt de la circulation, en se conformant aux prescriptions de la loi du 16 septembre 1807 et du décret du 24 mars 1852.

ART. 24.

Toute personne qui possède actuellement des maisons, bâtisses ou clôtures débordant la limite intérieure de la rue militaire continue d'en jouir sans être inquiétée, en se conformant aux dispositions des articles 11 et 12 ci-dessus; mais, dans le cas de démolition desdites maisons, bâtisses ou clôtures, pour une cause quelconque, elle est tenue de se reculer sur l'alignement fixé.

Lorsque la construction n'est comprise qu'en partie dans la limite intérieure de la zone des fortifications, la restriction ci-dessus ne portera que sur les portions qui empiètent sur l'alignement de la rue du rempart.

Au fur et à mesure que les emplacements ainsi occupés par des particuliers cessent d'être bâtis ou clos, ils sont réunis de plein droit à la fortification, sans qu'il soit besoin d'un décret déclaratif d'utilité publique, et les particuliers sont indemnisés de la valeur du sol, s'ils justifient qu'ils en sont possesseurs à titre légitime.

ART. 25.

Les prescriptions ci-dessus des articles 19, 20 et 21, concernant le bornage et l'homologation du plan de délimitation des zones de servitude, sont applicables au bornage et à l'homologation du plan spécial de circonscription du terrain militaire formant la zone des fortifications. Ce dernier plan est, au besoin, à l'échelle de 1/1000ᵉ, et ne donne aucun détail sur les constructions existantes, non plus que sur la propriété des terrains : il peut être fait et homologué par parties.

TITRE IV.

DÉCLARATIONS, DEMANDES, PERMISSIONS, SOUMISSIONS ET CERTIFICATS.

ART. 26.

Les travaux qui sont l'objet d'une *autorisation générale* (articles 7, 8, 11, 12, 13 et 24) ne peuvent être entrepris, même ceux de simple entretien, qu'après que la déclaration en a été faite au chef du génie.

Cette déclaration est accompagnée d'une soumission de démolition sans indemnité dans les circonstances prévues à l'article 8, lorsqu'il s'agit :

1° De bâtisses en bois au delà de la limite de la première zone, pour toutes les places et tous les postes (article 8);

2° De bâtisses en maçonnerie au delà de la même limite, pour les places de la deuxième série et les postes militaires (article 8);

3° De travaux confortatifs et de grosses réparations légalement prohibés en matière de grande voirie, aux bâtisses en maçonnerie situées dans la zone de 250 mètres des places et des postes ou dans celle de 487 mètres des places de la première série, lorsque la construction n'a pas déjà fait l'objet d'une soumission, ou que le propriétaire ne peut prouver qu'elle existe antérieurement à l'établissement des servitudes dont elle est grevée (article 12);

4° Des mêmes travaux dans les mêmes conditions, pour les construclions ou portions de constructions qui empiètent sur les limites de la rue militaire (article 24);

5° De reculements de façade ou de pignon par mesure de voirie (art. 13);

6° De ponts en bois sur les fossés et cours d'eau non navigables ni flottables (art. 13).

Par exception, les dépôts d'engrais ainsi que les dépôts de décombres, dans les endroits désignés d'avance par le chef du génie, et les caveaux et signes funéraires de petites dimensions, énoncés à l'article 16, ne sont soumis à aucune formalité.

Enfin, les baraques mobiles en bois donnent lieu à une soumission de démolition en toute circonstance et sans indemnité (art. 13).

ART. 27.

Nuls travaux nécessitant une *permission spéciale* (art. 9, 14, 15 et 16) ne peuvent être commencés qu'après l'accomplissement des formalités suivantes :

1° Production d'une demande sur papier timbré indiquant l'espèce des travaux, la position et les principales dimensions de la construction, ainsi que la nature des matériaux;

2° Permission du directeur des fortifications, énonçant les conditions auxquelles elle est accordée, lorsqu'il s'agit de constructions comprises dans un polygone exceptionnel; et, dans les autres cas, permission du ministre;

3° Soumission par laquelle le propriétaire s'engage à remplir les conditions imposées et à démolir sa construction sans indemnité, dans le cas prévu à l'article 8.

ART. 28.

Les soumissions concernant les servitudes défensives sont faites en double, sur papier timbré; elles ne sont assujetties qu'au droit fixe d'un franc pour l'enregistrement, décime en sus, et leur effet subsiste indéfiniment, sans qu'il soit besoin de les renouveler.

Lorsqu'il s'agit de travaux à des bâtisses existantes, la soumission s'étend à la totalité de la construction et non pas seulement à la partie réparée ou améliorée.

Dans tous les cas, la signature du soumissionnaire doit être légalisée par le maire, et celle du maire par le sous-préfet ou le préfet.

Une expédition des soumissions souscrites est envoyée au ministère de la guerre, et l'autre reste déposée au bureau du génie de la place.

ART. 29.

Dans les vingt-quatre heures qui suivent l'accomplissement des diverses formalités ci-dessus prescrites, le chef du génie délivre à la partie intéressée, pour le cas de *permission spéciale*, une copie certifiée de l'autorisation accordée, contenant l'énoncé des clauses et des conditions imposées, et, pour le cas d'*autorisation générale*, un certificat constatant que toutes les formalités exigées ont été remplies.

Toute permission spéciale dont il n'a point été fait usage dans le délai d'un an, à partir de la date du certificat délivré, est considérée comme nulle et non avenue.

TITRE V.

REGISTRES, PLANS ET ÉTATS DESCRIPTIFS CONCERNANT LES CONSTRUCTIONS PRÉEXISTANTES.

ART. 30.

Aussitôt après l'homologation du plan de délimitation des zones de servitudes ou du plan de circonscription de la zone des fortifications, le chef du génie fait déposer à la mairie de la place un registre coté et parafé par le directeur des fortifications. Ce registre est destiné à recevoir les déclarations des propriétaires, lesquels doivent affirmer, d'une part, que leurs constructions existaient dans leur nature et leurs dimensions actuelles avant que le sol sur lequel elles se trouvent ne fût soumis aux servitudes défensives, et, de l'autre, qu'elles n'ont fait, depuis cette époque, l'objet d'aucune soumission de démolition sans indemnité.

Le dépôt de ce registre est porté à la connaissance des propriétaires par trois publications, faites de mois en mois, dans les communes intéressées, à l'aide d'affiches ou autres modes de publication en usage dans la localité.

La signature de chaque propriétaire est légalisée par le maire.

ART. 31.

Sur les rapports des officiers du génie, dressés d'après les titres produits par les déclarants et les documents que fournissent les archives de la place, le ministre de la guerre fait connaître s'il admet

6.

la priorité d'existence de la construction, ou s'il trouve que les pièces fournies sont insuffisantes ou inadmissibles pour rétablir la preuve de priorité.

La décision du ministre est transcrite sur le registre, en regard ou à la suite des déclarations, et la transcription est certifiée par le chef du génie, qui en informe le propriétaire.

ART. 32.

Les particuliers à l'égard desquels le ministre déclare les pièces insuffisantes ou inadmissibles conservent le droit de fournir et de faire constater, à toute époque, la preuve de la priorité d'existence, en produisant, à cet effet, leurs titres devant les tribunaux ordinaires.

L'affaire est instruite sommairement comme en matière domaniale : le département de la guerre y est représenté par un avoué, qui opère d'après les documents que lui transmet le directeur des fortifications.

Le conseil de préfecture statue, sauf recours au Conseil d'État, s'il s'agit de contestations relatives à l'interprétation des titres administratifs.

L'époque à laquelle remonte l'existence d'un ouvrage de fortification est déterminée par une déclaration du ministre de la guerre, et la décision prise à cet égard ne peut être attaquée que devant le Conseil d'État.

ART. 33.

Le chef du génie fait indiquer, sur un plan pareil au plan de délimitation et de ses annexes, chacune des propriétés dont les constructions ont fait l'objet de déclarations acceptées par le ministre. Cette indication a lieu sans détail, mais porte un numéro d'ordre.

Ce plan est fait en double expédition, l'une pour la mairie et l'autre pour le service militaire; il est complété chaque année, et signé tous les ans par le maire et par le chef du génie.

ART. 34.

Il est fait en outre, par propriété, un plan parcellaire des constructions reconnues préexistantes et non soumissionnées, avec l'état descriptif de leur nature et de leurs dimensions. Ce plan et cet état sont rapportés, avec le numéro d'ordre, sur un registre tenu en double et signé comme il est dit ci-dessus.

Si l'une de ces constructions fait plus tard l'objet d'une soumission de démolition sans indemnité, cette circonstance est annotée sur le registre, et l'annotation est certifiée par le chef du génie et par le maire.

Le conseil de préfecture prononce d'ailleurs, sauf recours au Conseil d'État, sur les réclamations auxquelles donnent lieu les plans parcellaires ou les états descriptifs, après avoir fait faire par les ingénieurs civils et militaires les vérifications qu'il juge nécessaires.

TITRE VI.

DÉPOSSESSIONS, DÉMOLITIONS ET INDEMNITÉS.

ART. 35.

La construction de fortifications et les mesures prises pour la défense des places de guerre et des postes militaires peuvent donner lieu à des indemnités pour cause de dépossession, de privation de jouissance et de destruction ou de démolition, dans les cas et suivant les conditions mentionnés dans les articles suivants.

ART. 36.

Il y a lieu à allouer des indemnités de dépossession lorsque les constructions nouvelles de places ou de postes de guerre, ou des changements ou augmentations à ceux qui existent, mettent le Gouvernement dans le cas d'exiger la cession à l'État de propriétés privées par la voie d'expropriation pour cause d'utilité publique.

L'indemnité est réglée dans les formes établies par la loi du 3 mai 1841.

ART. 37.

Il y a lieu à indemnité pour privation de jouissance, pendant l'*état de paix*, toutes les fois que, par suite de l'exécution de travaux de fortification ou de défense, d'extraction de matériaux, ou pour toute autre cause, l'autorité militaire occupe ou fait occuper temporairement une propriété privée, de manière à y porter dommage ou à en diminuer le produit. Cette occupation ne peut avoir lieu que dans les circonstances et dans les formes déterminées par les lois des 16 septembre 1807, 30 mars 1831 et 3 mai 1841, et l'indemnité est réglée en conformité des prescriptions de ces mêmes lois.

L'*état de paix* a lieu toutes les fois que la place ou le poste n'est point constitué en état de guerre ou de siége par un décret, par une loi ou par l'effet des circonstances prévues aux articles 38 et 39.

ART. 38.

Lorsqu'une place ou un poste est déclaré *en état de guerre,* les inondations et les occupations de terrains nécessaires à sa défense ne peuvent avoir lieu qu'en vertu d'un décret, ou, dans le cas d'urgence, des ordres du gouverneur ou du commandant de place, sur l'avis du conseil de défense, après avoir fait constater, autant que possible, l'état des lieux par des procès-verbaux des gardes du génie ou des autorités locales. Il y a urgence dès que les troupes ennemies se rapprochent à moins de trois journées de marche de la place ou du poste.

L'indemnité pour les dommages causés par l'exécution de ces mesures de défense est réglée aussitôt que l'occupation a cessé.

Les dispositions qui précèdent sont applicables, dans les mêmes circonstances, à la détérioration, à la destruction ou à la démolition de maisons, clôtures ou autres constructions situées sur le terrain militaire ou dans les zones de servitudes. Seulement, il n'est pas dressé d'état de lieux, et il n'est alloué d'indemnité qu'aux particuliers ayant préalablement justifié, sur titres, que ces constructions existaient, dans leur nature et leurs dimensions actuelles, avant que le sol sur lequel elles se trouvaient fût soumis aux servitudes défensives.

L'indemnité, pour les démolitions faites dans les zones de servitudes, ne se règle que sur la valeur des bâtisses, sans y comprendre l'estimation du sol, qui n'est point acquis par l'État. Si cependant il s'agit d'un terrain couvert par des constructions ou affecté à leur exploitation, l'indemnité peut exceptionnellement porter sur la valeur du sol, et alors l'État en devient propriétaire.

L'*état de guerre* est déclaré par une loi ou par un décret, toutes les fois que les circonstances obligent à donner à la police militaire plus de force et d'action que pendant l'état de paix.

Il résulte, en outre, de l'une des circonstances suivantes :

1° En temps de guerre, lorsque la place ou le poste est en première ligne ou sur la côte, à moins de cinq journées de marche des places, camps ou positions occupés par l'ennemi;

2° En tout temps, quand on fait des travaux qui ouvrent une place ou un poste situé sur la côte ou en première ligne;

3° Lorsque des rassemblements sont formés dans le rayon de cinq journées de marche sans l'autorisation des magistrats.

ART. 39.

Toute occupation, toute privation de jouissance, toute démolition, destruction et autre dommage résultant d'un fait de guerre ou d'une mesure de défense prise soit par l'autorité militaire pendant l'*état de siége*, soit par un corps d'armée ou un détachement en face de l'ennemi, n'ouvre aucun droit à indemnité.

L'*état de siége* d'une place ou d'un poste est déclaré par une loi ou par un décret.

Il résulte aussi de l'une des circonstances suivantes :

L'investissement de la place ou du poste par des troupes ennemies qui interceptent les communications du dehors au dedans et du dedans au dehors, à la distance de 3,500 mètres des fortifications;

Une attaque de vive force ou par surprise;

Une sédition intérieure;

Enfin des rassemblements formés dans le rayon d'investissement sans l'autorisation des magistrats.

Dans le cas d'une attaque régulière, l'état de siége ne cesse qu'après que les travaux de l'ennemi ont été détruits et les brèches réparées ou mises en état de défense.

TITRE VII.

RÉPRESSION DES CONTRAVENTIONS.

ART. 40.

Les gardes du génie, dûment assermentés, recherchent les contraventions et les constatent aussitôt qu'elles sont reconnues. A cet effet, ils dressent des procès-verbaux qui font foi jusqu'à inscription de faux, conformément à la loi du 29 mars 1806. Ces procès-verbaux doivent être affirmés, dans les vingt-quatre heures, devant le juge de paix ou le maire du lieu où la contravention a été commise; ils sont visés pour timbre et enregistrés en débet dans les quatre jours de leur date.

Les gardes du génie opèrent, dans tous les cas, sous l'autorité des officiers du génie chargés des poursuites.

7.

ART. 41.

Les procès-verbaux de contravention sont notifiés sans délai aux contrevenants par les gardes du génie dûment assermentés, avec sommation de suspendre sur-le-champ les travaux indûment entrepris, de démolir la partie déjà exécutée, et de rétablir les lieux dans l'état où ils étaient avant la contravention, ou, en cas d'impossibilité, dans un état équivalent; le tout dans un délai déterminé d'après le temps que cette opération réclame.

Une notification et une sommation pareilles sont aussi faites à l'architecte, à l'entrepreneur ou au maître ouvrier qui dirige les travaux.

ART. 42.

Si le contrevenant n'interrompt pas ses travaux dans les vingt-quatre heures de la date de l'acte de notification et de sommation, le chef du génie en informe le directeur des fortifications, en lui envoyant cet acte.

Le directeur vise et transmet cette pièce au préfet du département, et demande que le conseil de préfecture prononce immédiatement la suspension des ouvrages commencés.

Sur le vu de cette demande et de l'acte à l'appui, le conseil de préfecture, convoqué d'urgence par le préfet, ordonne sur-le-champ cette suspension par provision, nonobstant toute inscription de faux.

Dans les vingt-quatre heures qui suivent le jugement, le préfet fait parvenir au directeur des fortifications une expédition de l'arrêté du conseil de préfecture.

Cet arrêté est notifié au contrevenant par le garde du génie, et dès le lendemain de la notification, nonobstant et sauf toute opposition et tout recours, les officiers et les gardes du génie en assurent l'exécution, même, au besoin, par l'emploi de la force publique.

ART. 43.

Dans le cas où, nonobstant l'acte de notification et de sommation prescrit à l'article 41, le contrevenant ne démolit pas les travaux indûment exécutés et ne met pas les lieux en l'état spécifié audit acte, le directeur des fortifications adresse au préfet un mémoire de discussion, avec plan à l'appui, tendant à obtenir que le conseil de pré-

fecture prononce la répression de la contravention, conformément
aux dispositions consignées dans la sommation.

Ce mémoire est notifié au contrevenant en la forme administra-
tive, avec citation devant le conseil de préfecture et sommation de
présenter ses moyens de défense dans le délai d'un mois; sauf le cas
d'inscription de faux, le conseil de préfecture statue dans le mois
suivant.

Toutefois, si le procès-verbal est reconnu incomplet ou irrégulier
en tout ou en partie, et que le conseil ne trouve pas dans les autres
pièces produites les renseignements nécessaires, il fait faire préalablement sur les lieux, par les officiers du génie et les ingénieurs
des ponts et chaussées, les vérifications qu'il juge convenables, et il
prononce sur le tout dans le mois de la remise qui lui est faite du
procès-verbal de vérification.

L'arrêté du conseil de préfecture, dans les huit jours au plus tard
de sa date, est adressé par le préfet au directeur des fortifications.

Cet officier supérieur, si cet arrêté fait droit à ses conclusions, le
fait notifier au contrevenant par un garde du génie, avec sommation
d'exécuter le jugement dans le délai qui lui est assigné; dans le cas
contraire, il en réfère immédiatement au ministre de la guerre.

ART. 44.

Le conseil de préfecture fixe le délai dans lequel le contrevenant
est tenu de démolir les travaux exécutés et de rétablir à ses frais les
lieux dans l'état où ils étaient avant la contravention, ou, en cas
d'impossibilité, dans l'état équivalent déterminé par le conseil.

ART. 45.

A l'expiration du délai fixé, si le jugement n'a pas été exécuté par
le contrevenant, le chef du génie se concerte avec le commandant de
place sur l'époque de l'exécution du jugement, et, s'il est nécessaire,
sur l'intervention de la force armée, et requiert, en outre, par écrit
le maire de la commune d'être présent à l'opération.

Huit jours à l'avance, un garde du génie dûment assermenté no-
tifie au contrevenant le jour et l'heure de l'exécution du jugement,
avec sommation d'y assister.

L'exécution a lieu, et les démolitions, déblais et remblais sont
effectués comme s'il s'agissait de travaux militaires, soit au moyen
des ouvriers de l'entrepreneur des fortifications, soit à l'aide de tra-

vailleurs militaires ou civils, requis au besoin sur les lieux, en vertu de l'article 24 du titre VI de la loi du 10 juillet 1791.

Le garde du génie constate, par un procès-verbal, les résultats de l'opération et les incidents auxquels elle donne lieu.

ART. 46.

Toutes les dépenses faites pour constater, poursuivre et réprimer une contravention sont à la charge du contrevenant.

Les officiers du génie tiennent la comptabilité de ces diverses dépenses dans les formes établies pour les travaux de fortification, et si le contrevenant ne les acquitte pas immédiatement, le chef du génie en dresse le compte, y joint les feuilles de dépense, et envoie le tout, certifié par lui et signé par l'entrepreneur ou par le gérant, au directeur des fortifications, qui le vise et le transmet au préfet du département.

Le préfet arrête le compte de la dépense, le déclare exécutoire et en fait poursuivre le recouvrement conformément aux dispositions de la loi du 19 mai 1802.

ART. 47.

Les droits de timbre et d'enregistrement en débet sont payés par le contrevenant après le jugement définitif de condamnation. La rentrée de ces droits est suivie par les agents de l'enregistrement.

ART. 48.

Les contrevenants, outre la démolition à leurs frais des ouvrages indûment exécutés, encourent, selon le cas, les peines applicables aux contraventions analogues en matière de grande voirie, conformément à l'article 13 de la loi du 17 juillet 1819.

ART. 49.

L'action publique, en ce qui concerne la peine de l'amende qui serait prononcée par application de l'arrêt du conseil du 27 février 1765, est prescrite après une année révolue, à compter du jour auquel la contravention a été commise.

Mais l'action principale, à l'effet de faire prononcer la démolition des travaux indûment entrepris, est imprescriptible, dans l'intérêt toujours subsistant de la défense de l'État.

TITRE VIII.

DISPOSITIONS DIVERSES.

ART. 5o.

Toutes les dispositions antérieures contraires au présent décret, et notamment l'ordonnance du 1er août 1821 sur les servitudes défensives, sont abrogées.

ART. 51.

Le ministre secrétaire d'État au département de la guerre est chargé de l'exécution du présent décret, qui sera inséré au Bulletin des lois.

Fait à Saint-Cloud, le 10 août 1853.

NAPOLÉON.

Par l'Empereur :

Le Maréchal de France,
Ministre Secrétaire d'État au département de la guerre,

A. DE SAINT-ARNAUD.

TABLEAU

DE CLASSEMENT DES PLACES DE GUERRE ET AUTRES POINTS FORTIFIÉS AUXQUELS SONT APPLIQUÉES LES LOIS SUR LES SERVITUDES DÉFENSIVES, CONFORMÉMENT AU DÉCRET DU 10 AOÛT 1853.

DIVISIONS MILITAIRES.	DÉPARTEMENTS.	I⁰ SÉRIE. — PLACES.	II⁰ SÉRIE. PLACES.	II⁰ SÉRIE. POSTES.	DÉSIGNATION des OUVRAGES DÉTACHÉS.	DISPOSITIONS PARTICULIÈRES.
1⁰.	SEINE	Paris (enceinte et ouvrages détachés).			Vincennes. Redoute et retranchement de Saint-Maur. Fort de Nogent. Fort de Rosny. Fort de Noisy. Fort de Romainville. Fort d'Aubervilliers. Fort de l'Est (Saint-Denis). Double couronne du Nord (Saint-Denis). Fort de la Briche (Saint-Denis) Forteresse du Mont-Valérien. Fort d'Issy. Fort de Vanvres. Fort de Montrouge. Fort de Bicêtre. Fort d'Ivry. Fort de Charenton.	La loi du 3 avril 1841 ayant établi que la 1⁰ zone des servitudes défensives, telle qu'elle est définie par la loi du 17 juillet 1819, serait seule appliquée à l'enceinte continue et aux forts extérieurs de Paris, cette place ne figure ici que pour ordre.
2⁰.	SEINE INFÉR⁰		Le Havre.			Le système de défense du Havre se compose du Réduit, des fronts de la Floride, de la redoute de Provence et des forts de Sainte-Adresse et de Tourneville.
				Dieppe (le château seulement).		Les restes des fortifications de la ville et les batteries de côte établies sur la plage ne porteront pas servitudes.
				Batteries de Mers, de la Douane et du Tréport.		
	CALVADOS			Château de Caen.		
				Citadelle d'Amiens.		Les ouvrages à cornes 11 et 12, dits de Saint-Pierre et de Saint-Maurice, ne porteront pas servitudes.
				Citadelle de Doullens (seulement).		La redoute en terre cotée 30 ne portera pas servitudes.
3⁰.	SOMME		Abbeville.			La lunette 4 ne portera pas servitudes.
		Péronne (y compris l'ouvrage détaché).			Ouvrage à couronne de Paris.	La lunette du Pâté ne portera pas servitudes.
				Ham (château seulement).		

DIVISIONS MILITAIRES.	DÉPARTEMENTS.	Iᵉ SÉRIE. — PLACES.	IIᵉ SÉRIE. PLACES.	IIᵉ SÉRIE. POSTES.	DÉSIGNATION des OUVRAGES DÉTACHÉS.	DISPOSITIONS PARTICULIÈRES.
3ᵉ. (Suite)	PAS-DE-CALAIS.	Arras (ville, citadelle et ouvrages qui en dépendent).				Ce classement comprend les ouvrages des faubourgs de Ronville et de Baudimont et les Flèches (52-21-22-AA et CC).
				Arras (ouvrage détaché).	Redoute Sainte-Catherine, cotée 73.	Les ouvrages en terre (75-76-77-78-79) ne porteront pas servitudes.
			Boulogne (la ville haute et le château seulement).			Le camp retranché, les ouvrages dits forts à la mer et ceux qui sont sur les hauteurs ne porteront point servitudes.
			Montreuil.			
		Calais.				Les ouvrages 114-115-116 et 117 sont classés, comme la place, dans la première série.
				Calais (ouvrages détachés).	Redoute des Crabes. Fort de Nieulay et redoute 31. Redoute des Salines. Fort Lapin. Ouvrages à cornes des Dunes. Fort Risban.	
		Saint-Omer.				Le retranchement du nord est classé dans la première série, comme la place.
				Saint-Omer (ouvrages détachés).	Redoute du Nord. Fort des Quatre-Moulins. Fort de la Batterie. Ouvrages à cornes de Lizel. Fort des Vaches et retranchements 3, 4, 5, 6. Fort Notre-Dame-de-Grâce. Lunette Saint-Michel.	La lunette 23 de Nikenstrom ne portera pas servitudes.
		Aire et fort Saint-François (y compris les ouvrages détachés).			Lunette (35 *bis*) de Béthune. Lunettes 39 et 40 du Bassin.	Les lunettes 32, 36 et 133 sont classées aussi dans la première série.
			Béthune.			Les lunettes 25 et 31 et la redoute (64) sont classées comme la place. La redoute en terre (65) ne portera pas servitudes.
				Saint-Venant.		Les redoutes 15 et 17 sont classées comme ce poste.

DIVISIONS MILITAIRES.	DÉPARTEMENTS.	1re SÉRIE. — PLACES.	IIe SÉRIE. PLACES.	IIe SÉRIE. POSTES.	DÉSIGNATION des OUVRAGES DÉTACHÉS.	DISPOSITIONS PARTICULIÈRES.
3e. (Suite)	NORD.	Lille.				Les ouvrages avancés 127-128-130-133 et 140 sont classés comme la place.
				Lille (ouvrage détaché).	Redoute (137) de Canteleu.	
		Gravelines.				
				Fort Philippe.		
		Dunkerque.				La lunette de revers sera classée dans la première série, de même que les nouvelles fortifications.
				Dunkerque (ouvrages détachés).	Fort Louis. Redoute de Bernard-Slet. Fort Risban.	
		Bergues.				
				Bergues (ouvrages détachés).	Fort Suisse. Fort Lapin.	
				Fort François.		
		Condé.				Les ouvrages 24-27-28-29 et 31, dépendances immédiates de la place, sont classés dans la première série. La pièce (30) ne portera pas servitudes.
				Condé (ouvrages détachés).	Redoute (1) du Pigeonnier. Redoutes 25 et 26. Lunette Dampierre.	
		Valenciennes (y compris l'ouvrage détaché).				Les pièces (28) (47) (54) (58) (100) seront classées dans la première série comme dépendances immédiates de la place. Les digues ne porteront pas servitudes.
			Bouchain (y compris les ouvrages détachés).		Ouvrages X, Y et P.	
		Le Quesnoy.				L'ouvrage en ruines de Saint-Roch ne portera pas servitudes, non plus que les ouvrages ébauchés des hauteurs.
		Maubeuge.				
				Maubeuge (ouvrages détachés).	Redoute de Falize P. Redoute du Tilleul S. Redoute d'Asvent T.	Les ouvrages du camp retranché, la redoute St-Lazare et la lunette V ou 84 ne porteront pas servitudes.
		Avesnes.				Les ouvrages 19-33 et 73 sont classés dans la première série, comme dépendances immédiates de la place.
				Avesnes (ouvrage détaché).	Pièce 81.	
		Landrecies.				La lunette 15 ne portera pas servitudes.
		Cambrai.				Les pièces 28-46 et 48 sont classées, comme dépendances immédiates de la place, dans la première série.
		Douai et fort de Scarpe (y compris les ouvrages détachés).			Redoutes (110) et (111). Redoute (19).	
4e.	AISNE.		Guise (château seulement).			
				Laon (citadelle seulement).		
			La Fère.			Ce classement comprend l'ouvrage Saint-Firmin et les nouvelles fortifications qui enceignent le quartier Saint-Firmin.
		Soissons.				L'ouvrage Saint-Jean est compris dans le classement.
	MARNE.		Vitry-le-Français.			

DIVISIONS MILITAIRES.	DÉPARTEMENTS.	Iʳᵉ SÉRIE. — PLACES.	IIᵉ SÉRIE. PLACES.	IIᵉ SÉRIE. POSTES.	DÉSIGNATION des OUVRAGES DÉTACHÉS.	DISPOSITIONS PARTICULIÈRES.
4ᵉ. (Suite)	ARDENNES.	Mézières.				
				Mézières (ouvrage détaché).	Lunette de Berthancourt.	
		Charlemont, les Givets et Mont-d'Haurs.				Les pièces (30) (31) (32) (33) (79) sont classées dans la première série comme dépendances immédiates de la place.
				Les Givets (ouvrages détachés).	Pièce 81.	La pièce 82 ne portera pas servitudes.
		Rocroy.				Les lunettes 16 et 18 sont classées dans la première série.
				Rocroy (ouvrages détachés).	Lunettes 15 et 17.	
5ᵉ.	MEUSE.	Sedan (la place et l'enceinte de Torcy).				
		Montmédy (Médy-Haut).				
			Montmédy (Médy-Bas).			
		Verdun.				L'ancien ouvrage à cornes du polygone ne portera pas servitudes.
	MOSELLE.	Metz.				Les lunettes Rogniat, d'Arçon, de Bellecroix, la redoute de l'inondation du Pâté et la pièce 124 sont classées dans la première série, comme dépendances immédiates de la place.
				Metz (ouvrage détaché).	Lunette Miollis ou de Chambière, cotée 180.	
		Bitche (château et nouvelles fortifications).				
			Phalsbourg.			
			Marsal.			Les ouvrages d'Haraucourt et d'Orléans sont compris dans le classement.
			Toul.			
		Thionville.				Les lunettes avancées sont classées comme des dépendances immédiates de la place. Les ouvrages 58 et 59 de l'île supérieure et de l'île inférieure ne portent pas servitudes.
		Longwy.				Les ouvrages 33 et 35 sont classés comme des dépendances immédiates de la place. Les lunettes 32-39-40 et 44 et le vieux château 34 ne portent pas servitudes.
6ᵉ.	BAS-RHIN.	Strasbourg.				Les lunettes (33) (34) (37) (44) et le retranchement de Contades sont classés dans la première série, comme dépendances immédiates de la place.

DIVISIONS MILITAIRES.	DÉPARTEMENTS.	Iʳᵉ SÉRIE. — PLACES.	IIᵉ SÉRIE. PLACES.	IIᵉ SÉRIE. POSTES.	DÉSIGNATION des OUVRAGES DÉTACHÉS.	DISPOSITIONS PARTICULIÈRES.
6ᵉ (Suite)	Bas-Rhin (Suite.)	......	Schelestadt (y compris les ouvrages détachés).	......	Redoutes 12 et 111...	Les lunettes et les redoutes 1 et 11 sont classées comme dépendances immédiates de la place.
		......	La Petite-Pierre			
		......	......	Lichtemberg.		
		......	Haguenau.			
		......	Wissembourg.	......		Les ouvrages des lignes ne porteront pas servitudes.
		......	Lauterbourg.	......		Les ouvrages des lignes ne porteront pas servitudes : les lunettes O et 41 sont des dépendances immédiates de la place.
	Haut-Rhin.	Neuf-Brisach.	......	......	......	La lunette 15 (*bis*) est classée à la première série comme dépendance immédiate de la place.
		Belfort (la ville et le château seulement).	......	Fort Mortier.	......	La redoute de Biesheim ne portera pas servitudes.
		......	......	Belfort (le camp retranché).	......	Le camp retranché comprend les forts de la Justice et de la Miotte, avec les tranches de jonction ; les anciens ouvrages en terre ne porteront pas servitudes.
7ᵉ	Doubs.	Besançon (y compris les ouvrages détachés).	......	......	Ouvrages 90-91. Fort Chaudanne. Fort Brégille. Lunette Beauregard.	Les lunettes de Charmont, de Battant, et les défenses des portes Taillée et Malpas, sont classées dans la première série, comme dépendances immédiates de la place. La lunette de Brégille est classée dans la deuxième série comme poste militaire.
		......	......	Montbéliard (le château seulement).	......	Les restes des fortifications de la ville et de l'ancienne citadelle, non plus que le fort le Chat, ne porteront pas servitudes.
		......	......	Forts de Joux et du Larmont, et communication du Chauffaud.		
	Jura.	Les Rousses.	......	......	......	Les anciens ouvrages qui occupaient la position des Rousses ne porteront pas servitudes.
		......	......	Salins (les forts seulement).	......	Les forts classés sont le fort Saint-André, le fort Belin (haut et bas) et la lunette Bracon.
	Côte d'Or.	......	Auxonne.	......		La redoute 32 est classée comme dépendance immédiate de la place.
	Haute-Marne.	Langres (la citadelle seulement).	......	......	......	Les lunettes (9 et 10) sont classées comme dépendances immédiates de la citadelle.
		......	Langres (la ville, y compris les branches de jonction).			

DIVISIONS MILITAIRES.	DÉPARTEMENTS.	Iʳᵉ SÉRIE.	IIᵉ SÉRIE.		DÉSIGNATION des OUVRAGES DÉTACHÉS.	DISPOSITIONS PARTICULIÈRES.
		PLACES.	PLACES.	POSTES.		
8ᵉ.	Rhône........	....	Lyon (ensemble des forts et autres ouvrages défensifs, y compris l'enceinte de Fourvières).	....	....	Le système des fortifications de Lyon se compose du fort et de la lunette Sainte-Foy, du fort Saint-Irénée, de l'enceinte de Fourvières, du fort Loyasse et de sa lunette, du fort de Vaise, du fort de la Duchère, du fort de Caluire, du fort Montessuy et de ses redoutes, de la lunette du Rhône, du fort de la Tête-d'Or, de la lunette des Charpennes, du fort des Brotteaux, du fort de la Part-Dieu, du fort et de la lunette de Villeurbanne, du fort de la Motte, du fort du Colombier et du fort de la Vitriolerie. — L'enceinte de la Croix-Rousse, y compris le fort Saint-Jean, et celle qui relie les forts de la rive gauche du Rhône, ne devront être considérées que comme de simples moyens défensifs ne portant pas servitudes. (Décret du 23 juin 1853.)
	Aɪɴ.........	....	....	Pierre-Châtel.		
		....	....	Fort les Bancs.		
		....	....	Fort l'Écluse.	....	Le classement s'appliquera au fort supérieur nouvellement construit.
	Isère........	Grenoble.	....	....	....	Le classement s'appliquera à tous les ouvrages de la Bastille, de Rabot et du Jardin-Dole.
		Fort Barrault.	....	....	....	Le classement s'appliquera à l'ouvrage (30). — La lunette (40) en terre ne portera pas servitudes, non plus que les ouvrages ébauchés ou en ruines du camp retranché.
	Hautes-Alpes..	....	Embrun.	....	....	L'ouvrage (8) est compris dans le classement.
		Briançon (y compris les ouvrages détachés).	....	....	Redoute des Salettes. Fort Dauphin. Redoute et fort d'Anjou. Fort de Randouillet. Fort des Têtes et communication Y.	
		....	....	Queyras.		
		Mont-Dauphin.	....	....	....	La lunette (64) est comprise dans le classement.
9ᵉ.	Basses-Alpes..	....	....	Sisteron (la citadelle seulement, avec les retranchements de la porte de la Saunerie).		
		Tournoux.	....	....		
		....	....	Fort Sᵗ-Vincent.		
		....	Seyne (la ville et la citadelle).	....		
		....	Colmars.	....	....	Les forts de France et de Savoie sont compris dans le classement.
		....	Entrevaux.			

DIVISIONS MILITAIRES.	DÉPARTEMENTS.	Iʳᵉ SÉRIE. — PLACES.	IIᵉ SÉRIE. PLACES.	IIᵉ SÉRIE. POSTES.	DÉSIGNATION des OUVRAGES DÉTACHÉS.	DISPOSITIONS PARTICULIÈRES.
9ᵉ. (Suite)	VAR.	Toulon (ville et port, fort Lamalgue).				La communication de la ville au fort Lamalgue, les fronts de l'enceinte de Castigneau et ceux de la nouvelle enceinte sont classés dans la première série. Le fort Saint-Louis, la batterie du fort Lamalgue et la Grosse-Tour ne porteront pas servitudes.
				Toulon (ouvrages détachés).	Fort Malbousquet. Fort du Petit-Saint-Antoine. Fort du Grand-Saint-Antoine. Tour de Lhubac. Retranchement du Pas-de-Leydet. Ouvrage du Pas-de-la Masque. Tour de la Croix-du-Faron. Fort Faron. Caserne retranchée du Faron. Fort d'Artigues. Fort Sainte-Catherine. Fort du Cap-Brun.	La redoute Pauline ne portera pas servitudes.
				Toulon (forts et ouvrages de la rade et de la presqu'île Cépet).		Ces ouvrages sont : le fort Sainte-Marguerite, le fort de la Croix-des-Signaux, la batterie de la Carraque, le fort Saint-Elme, le fort Balaguier, le fort l'Aiguillette et le fort Napoléon ou du Caire.
		Antibes et fort Carré.				Le classement comprendra les nouvelles fortifications du fort Carré et de la presqu'île.
				Fort Sᵗᵉ-Marguerite.		Les batteries de côte de l'île ne sont pas classées.
				Citadelle de Sᵗ-Tropez.		
			Forts des îles d'Hyères.			Ces ouvrages sont : le fort de la Vigie ou Napoléon, le château de Lestissac et le fort de Portman, dans l'île de Porteros ; les forts du Petit et du Grand Langoustier, le château de Porquerolles et le fort de Licastre, dans l'île de Porquerolles. Les autres batteries de côte des îles d'Hyères, non plus que le fort en ruines et le fort ébauché de l'Éminence (île de Porteros), ne porteront pas servitudes.
				Fort Brégançon.		
	BOUCHES-DU-RHÔNE.			Forts de Marseille.		Ces ouvrages sont : les forts Saint-Jean, Saint-Nicolas et de Notre-Dame-de-la-Garde.
				Fort de Bouc.		

DIVISIONS MILITAIRES.	DÉPARTEMENTS.	Iʳᵉ SÉRIE. PLACES.	IIᵉ SÉRIE. PLACES.	IIᵉ SÉRIE. POSTES.	DÉSIGNATION des OUVRAGES DÉTACHÉS.	DISPOSITIONS PARTICULIÈRES.
10ᵉ.	Hérault.	. . . .	. . . .	Citadelle de Montpellier.		
		. . . .	. . . .	Forts et retranchements de la presqu'île de Cette.	. . . .	Ces ouvrages sont : le fort Saint-Louis, le fort Saint-Pierre, le fort Richelieu, le fort Butte-Ronde, les redoutes et le retranchement des Salins et le retranchement de la Peyrade.
		. . . .	Fort Brescou.			
		. . . .	. . . .	Tour du Grau d'Agde.		
	Gard.	. . . .	Pont-Sᵗ-Esprit (la citadelle seulement).	. . . .	. . . .	Les restes des fortifications de la ville et les ruines du fort Montrevel ne porteront pas servitudes.
		. . . .	Aigues-Mortes.			
	Pyrénées-Orientales.	Perpignan.	. . . .	. . . .	. . . .	Le classement comprend les lunettes du Ruisseau et de Canet.
		. . . .	. . . .	Château de Salces.		
		. . . .	. . . .	Collioure, avec ses ouvrages détachés.	Fort Carré. Tour de l'Étoile. Redoute Dugommier ou du Palat. Fort Saint-Elme.	Le classement de Collioure comprend le fort Miradoux.
		. . . .	. . . .	Forts de Port-Vendres.	. . . .	Les forts de Port-Vendres sont : les redoutes de la Presqu'île, de Béar et de Mailly, et le fort du Fanal.
		Bellegarde.	. . . .	Redoute du Perthus.		
		. . . .	. . . .	Fort les Bains.		
11ᵉ.		. . . .	Prats-de-Mollo et fort Lagarde.			
		Mont-Louis.				
		Villefranche.	. . . .	. . . .	. . . .	Le classement comprend la batterie intermédiaire, ainsi que le château.
	Aude.	. . . .	Cité de Carcassonne.			
		. . . .	Narbonne.			
		. . . .	. . . .	Tour de la Nouvelle.		
13ᵉ.	Basses-Pyrénées.	Bayonne (ville, citadelle, enceinte et réduit, ouvrage détaché).	. . . .	. . . .	Pièce noyée en avant de la citadelle.	La pièce (93), non plus que les ouvrages en terre de Micolet, de Sabars, de Valentin, de Mayne, de Leslet et d'Harance, ne portera pas servitudes.
		. . . .	Bayonne, camp retranché de Mousserolles.	. . . .	. . . .	Les ouvrages en terre de Puiloran et ceux du camp retranché de Marac ne porteront pas servitudes.
		. . . .	. . . .	Fort du Socoa.		
		. . . .	Navarreins.			
		. . . .	. . . .	Le Portalet.		
		Saint-Jean-Pied-de-Port.	. . . .	. . . .	. . . .	Les redoutes de Picocoury, de Cruchemendy, de Gosselon-Mendy et d'Ispoure ne porteront pas servitudes.

DIVISIONS MILITAIRES.	DÉPARTEMENTS.	Iʳᵉ SÉRIE. PLACES.	IIᵉ SÉRIE. PLACES.	IIᵉ SÉRIE. POSTES.	DÉSIGNATION des OUVRAGES DÉTACHÉS.	DISPOSITIONS PARTICULIÈRES.
13ᵉ (Suite)	HAUTES-PYRÉNÉES.	. . . .	. . . .	Château de Lourdes.		
	LANDES	. . . .	. . . .	Dax (le château seulement).		
		La Rochelle.	. . . .	. . . .	. . . .	La redoute (28) est classée comme dépendance immédiate de la place.
		. . . .	. . . .	La Rochelle (ouvrages détachés).	Batterie de la pointe des Minimes. Batterie de Chef-de-Baie.	
		Saint-Martin (île de Ré).	. . . .	. . . .	. . . .	Le classement comprend la lunette A.
		. . . .	. . . .	Forts de l'île de Ré.	. . . .	Ce sont : le fort de la Prée, la redoute du Martray, la redoute de Sablanceau et la redoute des Portes. Les autres batteries de l'île ne porteront pas servitudes.
	CHARENTE-INFÉRIEURE.	Le château de l'île d'Oleron.	. . . .	. . . .	. . . .	La redoute du Paté est comprise dans le classement.
		. . . .	. . . .	Fort Chapus.		
		. . . .	. . . .	Forts des Saumonards et de Boyardville (île d'Oleron).	. . . .	Les autres batteries de l'île ne porteront pas servitudes.
		. . . .	. . . .	Fort Boyard.		
		Bourg, fort de la Rade, fort Liédot (île d'Aix).				
		. . . .	. . . .	Batteries de Coap-de-Pont et de Fougères (île d'Aix).	. . . .	Les autres batteries de l'île ne porteront pas servitudes.
14ᵉ		. . . .	. . . .	Fort d'Énet.		
		. . . .	. . . .	Forts de la Charente (y compris l'ouvrage détaché du fort Fouras).	Redoute du Trenil . . .	Ce sont : le fort du Vergeroux, le fort Lupin, le fort Vasou ou de la Pointe, le fort Fouras, le fort l'Aiguille, le fort de l'île Madame. Le fort abandonné de Piédemont, le fort Chaigneau et les batteries de côte voisines ne porteront pas servitudes.
		. . . .	Rochefort.	. . . .		
		. . . .	. . . .	Fort de Royan.		
		. . . .	. . . .	Citadelle de Blaye.		
	GIRONDE	. . . .	. . . .	Fort Pâté. Fort Médoc.		
		. . . .	. . . .	Pointe de Grave.		
15ᵉ	LOIRE-INFÉRIEURE.	. . . .	. . . .	Château de Nantes.		
		. . . .	. . . .	Fortin et batterie de l'île Dumet.		
		. . . .	. . . . .	Batterie de Minden.		

DIVISIONS MILITAIRES.	DÉPARTEMENTS.	Iʳᵉ SÉRIE. — PLACES.	IIᵉ SÉRIE — PLACES.	IIᵉ SÉRIE — POSTES.	DÉSIGNATION des OUVRAGES DÉTACHÉS.	DISPOSITIONS PARTICULIÈRES.
15ᵉ. (Suite)	Loire-Inférieure. (Suite.)	. . . .	. . . .	Batterie de Saint-Nazaire.		
	Vendée.	. . . .	. . . .	Fort St-Nicolas des Sables.	. . . .	Les autres batteries et les retranchements des Sables ne porteront pas servitudes.
		. . . .	. . . .	Fort de l'île d'Yeu.	. . . .	Ce fort est celui de Pierre-Levée, avec les lunettes qui en dépendent. Les batteries de l'île ne porteront pas servitudes.
		. . . .	. . . .	Château de Noirmoutier.	. . . .	Les batteries de l'île ne porteront pas servitudes.
		. . . .	. . . .	Fortin de l'île du Pilier.		
	Maine-et-Loire.	. . . .	. . . .	Château d'Angers.		
		. . . .	. . . .	Château de Saumur.		
16ᵉ.	Finistère. . . .	Brest (ville et château seulement).	. . . .	. . . .	. . . .	Le nouveau classement comprend l'ouvrage de la carrière du Pape, dépendance immédiate de la place, et les fronts de la jonction du Bouguen au corps de place.
		. . . .	. . . .	Brest (ouvrages détachés).	Fort de Portzic. Fort Montbarrey. Redoute de Keranroux. Redoute de Guestel-bras. Fort Penfeld. Redoute de Keroriou.	Les lunettes de Stiff ne porteront pas servitudes.
		. . . .	. . . .	Brest, forts du goulet et de la rade.	. . . .	Ce sont les forts : Portzic, classé comme ouvrage détaché de la place; Dellec, Maingant, Minou, Toulbroch, de Cornouailles et sa tour, de la pointe des Espagnols, de l'île Longue, de Lanvéoc, de l'Armorique ou de Plancastel, et le fort du Corbeau. Les autres batteries du goulet et de la rade ne porteront pas servitudes.
		. . . .	. . . .	Lignes et réduit de la presqu'île de Quélern.	. . . .	Les batteries de côte de la presqu'île ne porteront pas servitudes, à l'exception de celles qui sont mentionnées ci-dessus, comme défense du goulet et de la rade de Brest.
		. . . .	. . . .	Fort Bertheaume.		
		. . . .	. . . .	Batterie de Toulinguet.		
		. . . .	. . . .	La batterie de St-Mathieu, celle des quinze et les 3 redoutes de l'anse des Sablons.		
		. . . .	. . . .	Fort Céson.		
		. . . .	. . . .	Château du Taureau.		
		. . . .	Concarneau.			
		. . . .	. . . .	Fort Cigone (îles des Glénans).		

DIVISIONS MILITAIRES.	DÉPARTEMENTS.	Iʳᵉ SÉRIE. PLACES.	IIᵉ SÉRIE. PLACES.	IIᵉ SÉRIE. POSTES.	DÉSIGNATION des OUVRAGES DÉTACHÉS.	DISPOSITIONS PARTICULIÈRES.
16ᵉ. (Suite)	Morbihan....	Belle-Ile (la ville et la citadelle seulement).	....	....	....	Les lunettes D et E font partie du classement. Les batteries de l'île et les ouvrages en terre près du Potage ne porteront pas servitudes.
		....	....	Fort de l'île d'Houat.		
		....	....	Fort de l'île d'Hœdic.		
		....	....	Fort Penthièvre.		
		Lorient (la place).	....	....	....	L'ouvrage (4) du Fouédic est compris dans le classement.
		....	....	Lorient (ouvrages détachés).	Fort de Pennemané. Batterie de l'îlot Saint-Michel.	
		....	....	Redoute du Pouldu. Fort de Loch. Fort du Talut. Batterie de Gâvres. Batterie de Loqueltas. Batterie de Quernevel.		
		....	Port-Louis (ville et citadelle seulement).			
		....	....	Fort Lacroix et batteries de l'île de Groix.	....	Les lignes de Loc-Malo ne porteront pas servitudes.
	Côtes-du-Nord	....	....	Château et batterie de l'île aux Moines.		
		....	....	....	Fort la Latte.	
	Ille-et-Vilaine.	....	....	Saint-Malo (ville, château et ouvrages détachés).	Fort de Nay. Fort de la Cité. Fort d'Harbourg. Fort du Petit-Bey. Fort du Grand-Bey. Fort de la Conchée. Fort Impérial. Fort Lavarde. Redoute du Sillon. Lunette de Rocabey. Fort de Château-Neuf.	
		....	....	Fort des Rimains.		
	Manche.....	Cherbourg (port militaire seulement).	....	....	....	Le fort du Homet fait partie de l'enceinte.
		....	....	Cherbourg (ouvrages détachés).	Fort de Querqueville. Redoute de Querqueville. Redoute des Couplets. Batterie des Couplets. Redoute du Tot. Redoute des Fourches. Redoute d'Octeville. Fort du Roule. Redoute de Tourlaville.	

DIVISIONS MILITAIRES.	DÉPARTEMENTS.	Iᵉ SÉRIE. PLACES.	IIᵉ SÉRIE. PLACES.	IIᵉ SÉRIE. POSTES.	DÉSIGNATION des OUVRAGES DÉTACHÉS.	DISPOSITIONS PARTICULIÈRES.
16ᵉ. (Suite)	MANCHE. (Suite).	. . . . . .	. . . . . .	Cherbourg (ouvrages de la rade).	. . . . . .	Ces ouvrages sont : les trois forts de la digue, le fort Impérial ou de l'île Pelée et le fort des Flamands.
		. . . . . .	Granville (y compris les ouvrages détachés).	. . . . . .	Fort de la Roche Gauthier. Redoute de l'Esplanade du Roc.	Les batteries de l'esplanade du Roc ne sont pas classées.
		. . . . . .	. . . . . .	Le Mont-Saint-Michel.		
		. . . . . .	. . . . . .	Fort la Hougue.		
		. . . . . .	. . . . . .	Forts de Tatihou.		
		. . . . . .	. . . . . .	Iles Saint-Marcouf.		
		. . . . . .	. . . . . .	Citadelle d'Ajaccio.		
		. . . . . .	. . . . . .	Fort de Vizzavona.		
		Calvi (la place).	. . . . . .	. . . . . .		
		. . . . . .	. . . . . .	Calvi (ouvrages détachés).	Fort Monzello. Fort de la Torretta.	La batterie de Saint-François ne portera pas servitudes.
		. . . . . .	. . . . . .	Tour de Girolata.		
		. . . . . .	. . . . . .	Poste de l'Ile-Rousse.	. . . . . .	Les batteries de côte voisines de ce poste ne porteront pas servitudes.
17ᵉ.	CORSE.	. . . . . .	. . . . . .	Saint-Florent (la citadelle seulement).	. . . . . .	Les ruines du fort Saint-François ne porteront pas servitudes.
		. . . . . .	. . . . . .	Citadelle de Bastia (y compris les ouvrages détachés).	Fort Lacroix. Fort Montserrato. Fort Gaëtano. Fort Straforello.	
		. . . . . .	. . . . . .	Citadelle de Corté.		
		. . . . . .	. . . . . .	Ponte-Nuovo.		
		. . . . . .	. . . . . .	Château d'Aleria.		
		. . . . . .	Bonifacio.	. . . . . .	. . . . . .	Le corps de garde défensif R ne portera pas servitudes.
		. . . . . .	. . . . . .	Porto-Vecchio.		

APPROUVÉ :

NAPOLÉON.

Par l'Empereur :

Le Maréchal de France,
Ministre Secrétaire d'État au département de la guerre,

A. DE SAINT-ARNAUD.

DÉCRET

PORTANT

RÈGLEMENT D'ADMINISTRATION PUBLIQUE

CONCERNANT

LE CLASSEMENT DES PLACES DE GUERRE

ET DES POSTES MILITAIRES

ET LES SERVITUDES IMPOSÉES A LA PROPRIÉTÉ

AUTOUR DES FORTIFICATIONS EN ALGÉRIE.

NAPOLÉON,

Par la grâce de Dieu et la volonté nationale, EMPEREUR DES FRAN-ÇAIS,

A tous présents et à venir, SALUT.

Sur le rapport de notre ministre secrétaire d'État au département de la guerre,

AVONS DÉCRÉTÉ et DÉCRÉTONS ce qui suit :

ARTICLE PREMIER.

Les lois sur les servitudes imposées en France à la propriété pour la défense du territoire, déjà visées dans les arrêtés pris par le gouverneur général de l'Algérie, ainsi que la loi du 10 juillet 1851 sur le même objet et le décret du 10 août 1853, portant règlement d'administration publique sur les servitudes dont il s'agit, lesquels seront publiés, l'un et l'autre, en même temps que le présent décret, sont rendus applicables et exécutoires en Algérie, sauf en ce qu'ils auraient de contraire aux dispositions suivantes.

ART. 2.

Les places de guerre et les postes militaires de l'Algérie sont classés, pour l'application des servitudes défensives, conformément au tableau annexé au présent décret.

ART. 3.

Les maisons de commandement, les bordjs, les caravansérails, les maisons de smalas de spahis, les postes télégraphiques, les enceintes de villages, etc., auxquels le gouverneur général attachera une importance défensive, seront classés dans la 2ᵉ série comme postes militaires.

Le gouverneur général établira, par un arrêté, le tableau de ces postes; il pourra, au besoin, le modifier et y comprendre, dans la même forme, ceux des mêmes établissements qui viendraient à être créés, comme aussi réduire à leur égard l'étendue des zones, créer des terrains d'exception et homologuer les plans de délimitation ou de circonscription.

ART. 4.

Toutes les dispositions des lois et des règlements concernant les servitudes défensives seront applicables, en Algérie, aux places et aux postes militaires dont il est question à l'article 2, à partir du jour de la publication du présent décret, et aux postes militaires mentionnés à l'article 3, à compter de l'arrêté de classement du gouverneur général.

ART. 5.

Les décrets relatifs, soit à des constructions nouvelles de places ou de postes de guerre, soit à la suppression ou à la démolition de places ou postes qui existent actuellement, soit à des changements dans le classement ou dans l'étendue de ces places ou de ces postes, soit enfin à l'établissement de polygones exceptionnels, à l'homologation des plans de délimitation des zones de servitudes, ou à celle des plans de circonscription des zones des fortifications, sont insérés tant au Bulletin des lois qu'au Bulletin officiel des actes du gouvernement de l'Algérie.

Les arrêtés du gouverneur général, pris en vertu des pouvoirs qui lui sont conférés par l'article 3 ci-dessus, sont insérés seulement dans ce dernier recueil.

A la réception du Bulletin des actes du gouvernement, les préfets ou les fonctionnaires qui en tiennent lieu font publier ces dé-

crets et ces arrêtés dans les communes ou dans les territoires intéressés.

ART. 6.

Lorsqu'il est possible de réduire l'étendue des zones de servitudes
d'une place ou d'un poste, sans compromettre la défense et sans porter atteinte aux intérêts du Trésor, cette réduction est prononcée
par un décret ou par un arrêté, dans les mêmes cas et dans la même
forme que le classement qui a donné lieu à l'établissement des
zones.

ART. 7.

Le plan de délimitation, ses annexes et le procès-verbal de bornage sont adressés par le directeur des fortifications, et suivant la
voie hiérarchique, au ministre de la guerre.

ART. 8.

Les expropriations auxquelles peuvent donner lieu l'application
des lois sur les servitudes défensives et le domaine militaire sont
prononcées en se conformant aux règlements spéciaux qui concer-
nent l'Algérie, c'est-à-dire à l'ordonnance du 1er octobre 1844, dans
le cas où l'immeuble est situé en territoire civil, et à l'arrêté du
gouverneur général du 9 décembre 1841, lorsqu'on opère en territoire militaire.

ART. 9.

En Algérie, l'état de guerre peut être déclaré non-seulement dans
les cas prévus à l'article 38 du décret du 10 août 1853, mais aussi
d'urgence par un arrêté du gouverneur général, toutes les fois que
les circonstances obligent à donner à la police militaire plus de force
et d'action que pendant l'état de paix.

Lorsqu'une place ou un poste de l'Algérie est déclaré en état de
guerre, les inondations et les occupations de terrain nécessaires à la
défense peuvent avoir lieu, soit dans les cas prévus par l'article 38
du décret du 10 août 1853, soit en vertu d'un arrêté du gouverneur général.

ART. 10.

En Algérie, l'état de siége résulte des cas prévus à l'article 39 du
décret du 10 août 1853 ou d'un arrêté pris d'urgence par le gouverneur général.

ART. 11.

Dans les localités non érigées en communes, les attributions conférées aux maires par ce décret sont remplies par les fonctionnaires qui en tiennent lieu.

ART. 12.

En matière de servitudes défensives, les conseils de préfecture des départements d'Alger, de Constantine et d'Oran statuent, respectivement, pour toute l'étendue de la province dont le département fait partie.

ART. 13.

En territoire militaire, l'enregistrement de la commission des gardes du génie et de leur prestation de serment est fait tant au greffe du tribunal civil le plus voisin qu'à la mairie du lieu où ils exercent leurs fonctions.

ART. 14.

En territoire militaire, les généraux commandant les divisions, les commandants de subdivisions, les commandants de place et les géomètres du service topographique désignés par les commandants de subdivision, exercent respectivement les attributions que le décret du 10 août 1853 confère aux préfets, aux sous-préfets, aux maires et aux ingénieurs des ponts et chaussées.

ART. 15.

Toutes les dispositions contraires au présent décret sont abrogées.

ART. 16.

Notre ministre secrétaire d'État au département de la guerre est chargé de l'exécution du présent décret, qui sera inséré au Bulletin des lois et au Recueil des actes du gouvernement de l'Algérie.

Fait au palais des Tuileries, le 29 avril 1857.

NAPOLÉON.

Par l'Empereur :

Le Maréchal de France,
Ministre Secrétaire d'État au département de la guerre,

VAILLANT.

TABLEAU

DE CLASSEMENT DES PLACES ET DES POSTES MILITAIRES AUXQUELS DOIVENT ÊTRE APPLIQUÉES LES LOIS SUR LES SERVITUDES DÉFENSIVES, CONFORMÉMENT AU DÉCRET D'AUTRE PART.

SUBDIVISIONS MILITAIRES.	CHEFFERIES.	2ᵉ SÉRIE.		DÉSIGNATION des OUVRAGES DÉTACHÉS.	DISPOSITIONS PARTICULIÈRES.
		PLACES.	POSTES.		
		DIVISION D'ALGER.			
1ʳᵉ.	BLIDAH........	Blidah.			
		....	Blidah (ouvrage détaché).	Redoute Mimiche.	
		....	Coléah (l'enceinte du camp seulement).	....	Les tours et les anciennes fermes retranchées autour de la ville ne porteront pas servitudes.
2ᵉ.	ALGER........	Alger (ville et citadelle et défenses du port).	....	Ilot de la Marine. Fort du Musoir nord. Fort du Musoir sud. Fort du coude de la jetée. Batterie Algefna.	
		....	Alger (ouvrages détachés).	Fort l'Empereur. Fort Matifoux. Fort de l'Eau. Maison carrée. Batterie du Cimetière. Batterie Charles-Quint. Fort des Anglais. Batterie des Consuls.	
		....	Sidi-Ferruch (fort et batteries).	Batterie de l'Est........ Batterie de l'Ouest.	Les ouvrages de campagne construits à la gorge de la presqu'île ne porteront point servitudes.
		....	Dra-el-Mizan.		
	DELLYS........	....	Dellys..........	Tour de Sidi-Souzan.	
		....	Bordj-Tizi-Ouzou.		
3ᵉ.	AUMALE........	Aumale.			
		....	Bordj-Bouïra.		
		....	Maison de commandement des Béni-Mansour.		
4ᵉ.	MÉDÉAH.......	Médéah (place et citadelle).			
		....	Boghar.		
	LAGHOUAT......	....	Laghouat (place et forts).	....	Les forts classés sont ceux de Bouscaren et Morand.

— 48 —

SUBDIVISIONS MILITAIRES.	CHEFFERIES.	2ᵉ SÉRIE.		DÉSIGNATION des OUVRAGES DÉTACHÉS.	DISPOSITIONS PARTICULIÈRES.
		PLACES.	POSTES.		
DIVISION D'ALGER. (Suite.)					
5ᵉ.	MILIANAH	Milianah.	Bordj-Djelfa.		
			Teniet-el-Haad (enceinte du poste et du village).		
5ᵉ.	CHERCHELL		Cherchell		Les ouvrages détachés en avant de l'enceinte ne porteront point servitudes.
			Batterie Zizerin.		
6ᵉ.	ORLÉANSVILLE	Orléansville.	Tenez (ouvrage détaché, coté 20).		
			Batterie n° 18 d'El-Mersa.		
DIVISION DE CONSTANTINE.					
1ʳᵉ.	CONSTANTINE	Constantine (ville, citadelle et ouvrage détaché).		Mur d'enceinte du quartier de cavalerie du Bardo.	
			Tebessa (ville et citadelle).		Le classement comprend l'enceinte de la ville, le réduit et l'annexe.
	PHILIPPEVILLE	Philippeville (enceinte et forts détachés).		Maison crénelée de Safsaf et batteries nᵒˢ 2 et 3.	
	DJIDJÉLY	Djidjély (ancienne et nouvelle ville et forts détachés).		Fort Galbois. Fort Saint-Eugène. Maison crénelée. Fort Valée. Fort Horain. Batterie n° 3 du phare.	Le classement comprend l'enceinte de l'ancienne ville, la batterie n° 1 de l'Hôpital, l'enceinte de la nouvelle ville, les forts Saint-Ferdinand et Duquesne.
2ᵉ.	BÔNE	Bône (ancienne et nouvelle ville et casbah).		Réduit de la batterie du Lion.	
			Bône (ouvrages détachés).	Batterie de l'anse des Corailleurs. Batterie du mouillage du fort Génois. Fort Génois.	
			La Calle (nouvelle ville et presqu'île).		
	GUELMA		Guelma (ville et citadelle).		
3ᵉ.	BATHNA	Bathna (ville et citadelle).	Pénitencier de Lambesse.		

SUBDIVISIONS MILITAIRES.	CHEFFERIES.	2ᵉ SÉRIE.		DÉSIGNATION des OUVRAGES DÉTACHÉS.	DISPOSITIONS PARTICULIÈRES.
		PLACES.	POSTES.		
DIVISION DE CONSTANTINE. (Suite.)					
3ᵉ. (Suite.)	BATHNA. (Suite.)	. . . .	Biskra (ville et fort St-Germain, formant citadelle).		
		. . . .	Maison de commandement de Doussen.		
4ᵉ.	SÉTIF.	Sétif (ville et citadelle).			
		. . . .	Bordj-Bouarreridj. .	Redoute extérieure.	
		. . . .	Bousaada.		
	BOUGIE.	Bougie (ville et citadelle ou casbah).			
		. . . .	Bougie (ouvrages détachés).	Maison crénelée. Poste de Salem. Poste Rouman. Fort Gouraya. Blockhaus Rapatel. Blockhaus du Fossé. Fort Clausel. Blockhaus de Douac. Tour Douac. Blockhaus Lemercier. Batterie de Bonac. Batterie de l'Hôpital.	
DIVISION D'ORAN.					
1ʳᵉ.	ORAN.	Oran (ville et citadelle), château neuf, fort Lamone, forts de Sᵗᵉ-Thérèse, de St-André et de St-Philippe).			
		. . . .	Oran (ouvrages détachés).	Fort Saint-Grégoire. . . . . Fort Sainte-Croix. Lunette Saint-Louis. Lunette Saint-André. Lunette San-Carlos ou de la Campana. Batterie d'Ozara. Batterie de la Briqueterie.	La redoute 41, en avant du fort Saint-Philippe, ne portera pas servitudes.
		Mers-el-Kébir.			
		. . . .	Arzew (ville et ouvrages détachés).	Redoute de la Montagne, coté 13. Blockhaus 12. Fortin de la Pointe et batteries de côte nᵒˢ 1, 2 et 3.	
2ᵉ.	MOSTAGANEM.	Mostaganem (ville et réduit de Matemore).	. . . .	. . . .	La branche descendant à la Marine, les blockhaus nᵒ 1 et les redoutes nᵒ 2 et 3 ne porteront pas servitudes.
		. . . .	Mostaganem (ouvrages détachés).	Fortin de la Marine. Batterie de côte.	
		. . . .	Ammi-Moussa.	. . . .	La redoute Pélissier ne portera pas servitudes.

SUBDIVISIONS MILITAIRES.	CHEFFERIES.	2ᵉ SÉRIE.		DÉSIGNATION des OUVRAGES DÉTACHÉS.	DISPOSITIONS PARTICULIÈRES.
		PLACES.	POSTES.		
		DIVISION D'ORAN. (Suite.)			
3ᵉ.	Sidi-bel-Abbès..	Sidi-bel-Abbès (ville et citadelle).			
		. . . .	Sidi-bel-Abbès (ouvrage détaché).	Poste de la Mékerra.	
		. . . .	Daya (enceinte et vigie).		
		Mascara (ville).			
		. . . .	Mascara (ouvrage détaché).	Redoute Moueffac.	
4ᵉ.	Mascara.	. . . .	Tiaret.		
		. . . .	Saïda.		
		. . . .	Géryville.		
		Tlemcen (ville et citadelle ou méchouar).			
5ᵉ.	Tlemcen	. . . .	Nemours (ville et ouvrages détachés).	Les deux redoutes 9, 10 et le fort de Touent.	
		. . . .	Lalla-Maghrnia (enceinte et annexe basse).		
		. . . .	Sebdou (enceinte du fort et du camp retranché).		

APPROUVÉ :

NAPOLÉON.

Par l'Empereur :

Le Maréchal de France,
Ministre Secrétaire d'État au département de la guerre,

VAILLANT.

Imprimerie impériale. — Juin 1857.